Chile
tesoro natural

Para Carol, from Chile with love.
Puedes compartir con Diane este libro
que te enviamos Verónica y yo con
los mejores recuerdos y los mejores deseos.
Con mucho cariño

Roberto

Stgo, Chile, Febrero 2001.

Chile
tesoro natural

Fotografías y textos

Augusto Domínguez Barros

Chile, tesoro natural
Chile, a natural treasure

Textos y fotografías ◆ *Text and Photographs*
Augusto Domínguez Barros

Diseño ◆ *Design*
Marcelo de la Torre Martin

Traducción ◆ *Translation*
Jessica Orrego Blake

Impresión ◆ *Printing*
Impresora Optima S.A.

Pre-Impresión ◆ *Pre-Press*
Fotomecánica Record Ltda.

Encuadernación ◆ *Bookbinding*
Errebé S.A.

ISBN 956-272-545-6
Inscripción ◆ Registration
Nº 98.173

Cuarta Edición 2001 ◆ *Fourth Edition 2001*
Impreso en Chile ◆ *Printed in Chile*

a mis padres María Isabel y Juan Augusto

Tesoro natural

Igual que Augusto Domínguez, yo también amo profundamente mi país y, como él, he tenido el privilegio de recorrerlo "de punta a cabo". Con el pretexto de estudiar la flora silvestre he atravesado las apasteladas llanuras y montañas del desierto nortino, las larguísimas costas y altas cordilleras; me he maravillado ante la grandeza y diversidad de las selvas húmedas, de los amplios horizontes de las pampas patagónicas.
Cada vez que me ha tocado conocer un lugar nuevo, se apodera de mí una extraña emoción. Cuando he vuelto a lugares antes visitados, ha sido como reencontrar un viejo amor...
En este recorrer y conocer he tenido el placer de acompañar a Augusto en algunas de sus expediciones: varios días viviendo sobre los cuatro mil metros de altura para aprender de los "queñoales" y de los "quiscales" del Altiplano nortino, descubriendo juntos sus tesoros de fauna y flora, de su gente. Nos hemos maravillado de los follajes coloridos de los robles otoñales en el Santuario de Alto Huemul en las cordilleras de San Fernando; hemos subido hasta los milenarios alerces en Palena...
Un hombre de una sensibilidad

Just like Augusto Domínguez, I too deeply love my country and, just like him, I have had the privilege to travel it, "from head to toe". With the task of studying the wildlife I have crossed the pastel-colored plains and mountains of the northern desert, the long coasts and the high mountain ranges. I have marvelled at the grandeur and diversity of the cold jungles and the extensive horizons of the Patagonian pampas. Every time I have had the opportunity to go to a new place, a strange sensation comes over me. When I return to places I've already visited, it's like going back to an old loved one.
On these trips, I have had the privilege of accompanying Augusto on some of his expeditions; living at four thousand meters above sea level to learn about the "queñoales" and the "quiscales" of the northern high plains, discovering the treasures of wildlife together. We have marvelled at the colorful foliage of the autumn oaks at the Alto Huemul Sanctuary in the San Fernando mountain range. We have climbed up to the place where the million year old alerce trees grow in Palena...
A man of extraordinary sensibility, of infinite patience, and overwhelming enthusiasm, he

extraordinaria, de una paciencia infinita, de un entusiasmo desbordante, que logra dejar plasmado en sus bellas fotografías.
Hoy, cuando una gran mayoría de los chilenos mora en las ciudades -donde la vida de las personas se vuelve tensa y molesta en su ambiente contaminado, feo y triste- si la gente no puede acceder directamente a la naturaleza, por lo menos existe la posibilidad de abrir las páginas de este maravilloso libro, como una ventana a la belleza de lo simple, lo natural, lo armónico, para conocer parte de la riqueza de Chile y sentirnos orgullosos de lo nuestro. Amar la variedad, admirar su originalidad.
Por eso también que es tan importante el darnos cuenta de la urgencia de la conservación de nuestro patrimonio natural. Las fotografías de Augusto son un llamado de alerta: si no cuidamos esos bosques naturales, esos animales silvestres, esos paisajes sin tacha, sólo quedarán para el futuro sobre el papel de este libro...

Y para las futuras generaciones... ¿qué?

leaves us breathless with his beautiful photographs.
Today, when a large majority of Chileans live in cities -where human life becomes tense and bothersome in its polluted, ugly and sad environment- if people can not have direct access to nature, at least there is the possibility of opening the pages of this wonderful book, which is like a window to the beauty of the simple, the natural, the harmonic, to get to know part of Chile's richness and to make us feel proud of what is ours. To love variety, to admire originality.
That is also why it is so important for us to realize the urgent need to preserve our natural patrimony.
Augusto's photographs are like warning signs: if we do not take care of our natural forests, the wild animals, and those flawless sceneries, the only thing that will be left are their images imprinted on the paper of this book...

And what about future generations?

Adriana Hoffmann
Defensores del Bosque Chileno
Defenders of the Chilean Forests

...infinitos detalles que han despertado mi curiosidad...
...infinite number of details which have awakened my curiosity...

Antes que nada, me declaro un amante de nuestra extraordinaria y variada geografía. Chile es una tierra de contrastes que se extiende desde el desierto de Atacama hasta el continente Antártico, con la imponente cordillera de los Andes por el este y el inmenso océano Pacífico por el oeste, marcos geográficos que son la antesala de una fascinante aventura.
Desde niño me sentí atraído por la vida natural y esos lugares que se alejaban de los centros urbanos. Fuera de las ciudades, Chile posee amplios espacios abiertos donde no hay carreteras en muchos kilómetros. Aún hay zonas en las que el ser humano no ha puesto sus pies y que sólo se han sobrevolado. Queda mucho por explorar y descubrir.
Me he dedicado a recorrer mi país buscando aquellos lugares que aún no han sido intervenidos por la mano del hombre. Es así como me he ido interiorizando y aprendiendo acerca de las plantas, sus características y la vida animal en las diferentes regiones del país. Ecosistemas e infinitos detalles que han despertado mi curiosidad y que he logrado fotografiar. Intento viajar en toda época del año para capturar esos árboles en el esplendor del

Above all, I am a self declared lover of our extraordinary and varied geography. Chile is a land of contrasts which extends from the Atacama desert to the Antartic continent. The Andes mountain range in the west, and the Pacific Ocean in the east are geographical markers that are just the waiting room to a fascinating adventure.
Since I was a child I was attracted to a more natural lifestyle and places away from urban congestion. Outside of the cities, Chile possesses broad open spaces where there are no roads for many miles. There are, in fact, still areas where no human has walked, but has only flown overhead by airplane. Much remains to be discovered and explored.
I have dedicated myself to traveling throughout my country looking for places that remain without human intervention. As a result of my numerous trips I began learning about plants and their characteristics, animal life in the different regions, ecosystems, and an infinite number of details which have awakened my curiosity and which I have been able to capture on

otoño, o llegar a una laguna justo cuando se está congelando, al entrar el invierno.
En fin, es un cúmulo de experiencias y viajes que algunas veces disfruto en compañía de amigos aventureros y que quiero compartir con ustedes. Detrás de estas páginas hay un largo y rico aprendizaje, momentos de espera, de frustraciones, de goce y, por sobre todo, de vivencias que me han ido

enriqueciendo. He aprendido a disfrutar de ese contacto simple con la naturaleza. Me encanta acampar en medio de un añoso bosque de lengas y, al amanecer, caminar sobre las hojas congeladas. O despertar rodeado de la "camanchaca" nortina.
Me gustaría lograr que, a través de estas páginas, conozcamos un poco más este rincón del planeta y despertemos nuestra capacidad de asombro.
Hay muchos lugares en los que todavía no he estado, pero definitivamente soy un convencido que Chile representa una oportunidad única y nos ofrece una geografía exquisita: salares a gran altura, la cordillera de los Andes, un extenso mar, lagos y montañas. La Carretera Austral, paraíso del turismo aventura. Aguas termales por doquier, cientos de ríos correntosos y cristalinos, que bajan al mar desde la cordillera, y que atraen a deportistas de todo el mundo para bajar sus rápidos. En fin, una oportunidad única que hay que cuidar y respetar.

film. I have traveled during every season of the year to be able to capture the splendor of the autumn foliage, or to arrive at a lake just as it is freezing in early winter. All of these accumulated experiences and trips have, at times, been enjoyed with the company of adventurous friends, and now I would like to share them with you. These pages represent rich and hard-earned knowledge, moments of hope, moments of frustration, and also moments of joy, and above all experiences that have greatly enriched me.
I have learned to appreciate and enjoy the simple moments I experience in nature. I love to camp amidst ancient lenga trees, and at dawn walk on the frozen leaves. Or awake surrounded by a dense fog, the northern "camanchaca".
Through these pages, I hope you will get to know more about this corner of the planet and I hope to awaken your capacity for astonishment.
There are many places I have still not visited, but I am definitely convinced that Chile is truly unique and that it offers an exquisite geography found in few countries on Earth. Salt flats at high altitude, the Andes

mountains, the immense ocean, lakes, and ice. The "Carretera Austral" is the road to the adventure tourism paradise. Hot springs everywhere and hundreds of rapid rivers with crystalline waters that flow through the lush mountains and eventually arrive to the sea. Athletes come from all over the world to descend the technical rapids of these rivers. In short, this is

La sociedad moderna está enfrentando graves problemas ambientales y, lamentablemente, nuestro país no escapa a la creciente degradación y destrucción de los ecosistemas naturales. Es labor de todos buscar soluciones

y comprender que la naturaleza es nuestro recurso más valioso. Debemos ser capaces de vivir en armonía con el entorno y con urgencia sentar las bases para un desarrollo sustentable, a escala humana.
Soy un convencido que no se puede querer algo que no se conoce. Tal vez mostrando la belleza ayude a despertar el amor a esta tierra.
Es por esto que los invito a viajar. Viajar y conocer Chile y sus exóticos rincones a través de esta selección de fotografías que he tomado en maravillosos lugares, a los que sólo mi espíritu de aventura y amor por la naturaleza me han permitido llegar.
En este libro verán desde el árido desierto del norte hasta la espesa selva austral, pasando por ríos, fiordos, volcanes y algo de lo más representativo del paisaje de Chile, tesoro natural ubicado en el extremo sur de América.

a unique opportunity to protect and to respect our precious biosphere. Today's society is confronted with severe environmental problems and unfortunately Chile is no exception to the growing degradation and destruction of natural ecosystems. It is the responsibility of everyone to find solutions and to understand that nature is our most valuable resource.
We should be capable of living in harmony with our environment. It is imperative that we create a foundation now for sustainable development on a human scale. I am convinced that it is impossible to care about something without knowing it. It is my hope that showing the beauty of Chile will help to rouse a love for this land.
It is for this reason that I invite you to explore. Travel and explore Chile, and its exotic secrets, through this collection of photographs that I have taken in truly spectacular places. Only my spirit of adventure and my love of nature have permitted me to encounter such wonder.
In this book you will see contrasts from the arid desert of the north, to the dense rain forests of the south, fjords, volcanoes, and the most representative landscape of Chile, a natural treasure located in the extreme south of the American continent.

Augusto Domínguez B.
Fotógrafo

El Parque Nacional Lauca ha sido declarado Reserva Mundial de la Biósfera, para preservar el rico ecosistema de flora y fauna del altiplano. En las zonas más húmedas se forman pantanos de altura llamados bofedales. Destacan atrás los Nevados de Payachata. ◆ *Lauca National Park has been declared an international biosphere reserve, in order to preserve the flora and fauna of the rich high plain ecosystem. The more humid areas form high-altitude marshes which are called, "bofedales". The snow capped peaks of the Payachata ridge tower can be seen in the background.*

PAGINAS SIGUIENTES: LAGUNA SANTA ROSA. III REGION
FOLLOWING PAGES: SANTA ROSA LAGOON

La persona que aparece mimetizada en el paisaje puede darnos una escala y la verdadera dimensión de estas extraordinarias formaciones rocosas camino a Cariquima, distante unos 200 kilómetros al noreste de Iquique. ◆ *The person that appears in the photo is almost lost in the landscape, giving us an idea of the immensity of the extraordinary rock formations on the road to Cariquima, 200 kilometers (120 miles) northeast of Iquique.*

A escasos kilómetros de San Pedro de Atacama, atraviesa una pequeña depresión de suelo salino, arenoso y de pequeñas crestas filosas, que demuestra la profunda transformación que sufrió la corteza terrestre. Es la llamada cordillera de la Sal que, erosionada por el agua y el viento, ha ido produciendo extraordinarias formas escultóricas que le dan el aspecto de un paisaje lunar. ◆ *Just a few kilometers outside of San Pedro de Atacama exists a depression from which a formation of rock with sharp edges has pierced through the salty desert floor, showing the extreme transformation that the Earth's crust underwent. This aptly named, "Salt Range" (cordillera de la Sal) has been eroded by water and wind resulting in extraordinary sculptures which resemble a lunar landscape.*

A 4.500 metros de altura, el Lago Chungará está rodeado por impresionantes cumbres nevadas que caen hasta sus aguas. El paisaje, dominado por el volcán Parinacota (6.330 m.), va cambiando de colores durante el día, haciéndose especialmente intensos al atardecer. En las riberas del lago existe una interesante y atractiva vida animal donde predomina la tagua gigante y tres tipos de flamencos. ◆ *At 4,500 meters (14,700 ft), Chungará Lake is surrounded by impressive snow covered peaks whose bases reach the lake's water. The landscape, which is dominated by the Parinacota volcano (6,300 m; 20,600 ft), changes its colors throughout the day, reflecting the most intense hues at dusk. The lake shore represents a flourishing ecosystem where the giant coot and three different species of flamingo predominate.*

PATOS JERGONES

FLAMENCO ANDINO

El extremo sur del desierto de Atacama está surcado por diversas quebradas que se abren hacia el oeste. A medida que subimos, podemos tener magníficas vistas panorámicas de este rincón del planeta, caracterizado por la ausencia de lluvias. ◆ *The southern extreme of the Atacama desert has many valleys cutting through it which open to the west. If we climb up we gain magnificent panoramic views of this corner of the planet, characterized by the absence of rainfall.*

PAGINAS ANTERIORES: SALAR DE MARICUNGA. III REGION
PREVIOUS PAGES: MARICUNGA SALT FLATS

Los habitantes del altiplano nortino, de origen Aymará, viven entre vastos terrenos de pastoreo y sólo se reúnen en los poblados para las fiestas y celebraciones religiosas. ◆ *The inhabitants of the northern high plain are of Aymará origin, and live as herders on vast stretches of land. They join together in the towns only for religious celebrations and festivals.*

PAGINAS SIGUIENTES: VALLE DE LA LUNA. II REGION
FOLLOWING PAGES: VALLEY OF THE MOON

SURIRE

PUTRE

PARINACOTA

PARINACOTA

A los pies del volcán Copiapó (6.080 m.) está la fastuosa laguna del Negro Francisco. Situada a 4.125 metros de altura, es frecuentemente surcada por grandes bandadas de flamencos rosados, que han encontrado en estas latitudes la tranquilidad necesaria para nidificar y reproducirse. ◆ *The awe inspiring Negro Francisco Lake is located at the foot of the Copiapó volcano (6,080 m; 19,900 ft). At 4,125 meters above sea level (13,500 ft), large flocks of pink flamingos continuosly circle the lake, having found there the necessary tranquillity to nest and reproduce.*

Parte del salar de Surire fue declarado Monumento Natural con el fin de proteger su valiosa fauna. Su nombre proviene de "suri" o ñandú, a los que verá corretear junto a piuquenes, flamencos y vicuñas. ◆ *Part of the Surire salt flat was declared a natural monument in order to protect its precious fauna. The name originates from the "suri" or "ñandú" (a large ostrich-like bird), who share the monument with Andean goose, flamingos, and "vicuñas".*

PAGINAS SIGUIENTES: RIO PUTANA. II REGION
FOLLOWING PAGES: PUTANA RIVER

Muy temprano, cuando el sol apenas se asoma, es la mejor hora para admirar las fumarolas que emanan de este impresionante campo geotérmico en El Tatio. Por distintos ojos, afloran violentos chorros de agua hirviendo que inundan el ambiente de vapor y magia, en medio de un frío que cala los huesos. ◆ *Very early, before the sun appears, is the best time to see the steam emanating from this incredible geothermal field. From different openings, streams of boiling water gush out which cover the area in vapor and magic, all amidst the bone chilling cold.*

Las variaciones térmicas entre el día y la noche son tan grandes que frecuentemente los cursos de agua despiertan congelados. ◆ *The temperature contrast between day and night is so great that, frequently, water in the streams freezes overnight.*

En las regiones de Tarapacá y Antofagasta, la cordillera de la Costa es alta y cae en forma abrupta al mar. La influencia del océano Pacífico en el litoral modera las temperaturas y aumenta la humedad atmosférica.
◆ *In the Tarapacá and Antofogasta regions the coastal mountain range is very high and reaches the sea very abruptly. The Pacific ocean moderates the temperatures and climate of the coastline and increases the atmospheric humidity.*

GAVIOTAS

PINGÜINOS

La fauna del litoral cercano a Antofagasta merece mención especial: se han catalogado 19 especies de aves marinas y ribereñas. ◆ *The fauna native to the shore near Antofogasta deserves to be recognized: nineteen species of birds from this marine and coastal environment have been catalogued.*
En el Parque Nacional Pan de Azúcar se encuentra la mayor colonia reproductiva del pingüino de Humboldt. ◆ *The largest Humboldt penguin rookery is found at Pan de Azúcar National Park.*

Alrededor de los cuatro mil metros, se observa el nacimiento de ríos y la presencia de lagos y pastizales que son el ambiente ideal para aves y mamíferos, perfectamente adaptados a la vida en altura. En comparación con el nivel del mar, el altiplano es un medio que tiene la mitad de oxígeno y fluctuaciones extremas de temperatura. La vegetación dominante es de crecimiento bajo, siendo la llareta-tupido cubresuelo-, el vegetal mejor adaptado a la altura.

◆ *At around 4,000 meters above sea level, many lakes, headwaters of rivers and abundant meadows offer an ideal habitat for birds and mammals which are highly adapted to life at altitude. The air in the high plain has half of the oxygen content of air at sea level, and is also known for its extreme fluctuations in temperature. The dominant vegetation best-suited to this environment is this low-growing, mossy ground cover.*

LLARETA

ARRIBA: VOLCAN LICANCABUR. II REGION
ABOVE: LICANCABUR VOLCANO

PIUQUENES

VIZCACHA

ZORRO CULPEO

LAUCHONES OREJUDOS

Siglos atrás los Incas instalaron en esta región un centro administrativo y de gobierno. Hoy, su disminuida población vive de la agricultura y el pastoreo, gracias a las aguas del río Grande. Estas aguas, que morirán en el salar de Atacama, permiten el crecimiento de frondosos algarrobos y chañares. ◆ *Centuries ago, the Incas established a center of government and administration in this region. Today, the few Inca descendants live an agricultural and pastoral existence, thanks to the water from the Grande river. This waterway, which disappears upon entering the Atacama salt flat, permits the growth of leafy algarrobo and chañare trees.*

CATARPE. II REGION

Diversos cursos de agua son atrapados por cuencas que se cierran o simplemente escurren donde sólo había desierto. Brota así el espectáculo de la vida.

◆ *Many streams of water are trapped in narrow basins which nurture a spectacular blooming of life where there was previously only desert.*

ABAJO: TERMAS DE PURITAMA. II REGION
BELOW: PURITAMA HOT SPRINGS

A LA DERECHA: ALTIPLANO. II REGION
OPPOSITE: HIGH PLAIN

CACTUS COLUMNAR

CACTUS COPIAPOA

Las cactáceas son un tipo de vegetación bastante especializada que logra desarrollarse en condiciones de humedad muy desfavorables. Tal es el caso de los maravillosos cactus columnares, camino a Cariquima y de los copiapoa, en el Parque Nacional Pan de Azúcar. ◆ *The cactacea family includes specialized vegetation that successfully colonizes areas where conditions are dry and unfavorable. Such is the case with the wonderful "column cactus", on the way to Cariquima and the copiapoa, at Pan de Azúcar National Park.*

PAGINAS SIGUIENTES: PUERTO VIEJO. III REGION
FOLLOWING PAGES: PUERTO VIEJO

Entre septiembre y octubre y sólo si ha caído abundante agua en invierno, este paisaje árido se transforma en un regalo de la naturaleza a los ojos del hombre. Debido a la humedad, cientos de semillas y bulbos que permanecían latentes bajo la tierra saldrán a la luz cubriendo el territorio de una alfombra multicolor. Después de las flores, llegarán los insectos a sumarse a esta magnífica explosión de vida: es el llamado desierto florido. ◆ *Between September and October, if sufficient rain has fallen during the winter, this dry landscape transforms into a gift from nature for human eyes. Owing to the moisture, hundreds of seeds and bulbs which had been resting latent, deep within the earth, sprout to life and cover the territory in a multi-colored carpet. After the flowers, millions of insects arrive to join in the magical explosion of life: the so called "flowering desert".*

QUISQUITO ROSADO

NOLANA

LIRIO DEL CAMPO

AÑAÑUCA

En términos generales, el clima de esta región es uno de los mejores del país. Al interior de La Serena, se ubica el bien conocido Valle del Elqui, famoso por sus exquisitas papayas, chirimoyas y vastos parronales. La aridez circundante contrasta con este verde valle, que ostenta uno de los cielos más transparentes del hemisferio sur. ◆ *Generally speaking, this region has one of Chile's best climates. The well-known Elqui Valley, located inland from La Serena, is famous for its delicious papayas, chirimoyas, and vast vineyards. The region, whose aridity starkly contrasts the lush valley, boasts some of the clearest skies in the southern hemisphere.*

En medio de un paisaje semidesértico, subsiste desde épocas prehistóricas este bosque hidrófilo tipo valdiviano. Distante más de mil kilómetros de su hábitat natural, en el Parque Fray Jorge sobreviven canelos, olivillos y gran cantidad de helechos. Este fenómeno se produce gracias a la condensación de la neblina costera, que precipitada dentro del bosque, entrega cifras cercanas a los 900 mm. anuales.

◆ *Found in the middle of a semi-desert region, this temperate rain forest has existed since prehistoric times. More than 1,000 kilometers (600 miles) away from their natural habitat, in Fray Jorge National Park thrive such species as canelo, olivillo trees, and a variety of ferns. This phenomenon, caused by the condensation of coastal fog in the woods, results in approximately 900 mm. of precipitation each year.*

Rodeado por la gran cadena de los Andes y sus contrafuertes, se encuentra Santiago, núcleo administrativo, comercial y cultural, que concentra la mayor actividad del quehacer nacional. La cordillera de los Andes frente a Santiago, es alta y volcánica y allí se encuentran sus centros invernales y las áreas silvestres protegidas. Sus principales alturas son los cerros El Plomo y Tupungato y los volcanes Maipo y San José.

◆ *Surrounded by the Andes mountains, we find Santiago, the nucleus of administrative, commercial, and cultural activities in Chile. The Andes mountains towering above Santiago are very high and volcanic, and is where we find ski centers and protected natural areas. Its principal peaks are El Plomo, Tupungato, and the Maipo and San José volcanoes.*

Especialmente en primavera y verano, muchos santiaguinos suben a respirar aire de alta cordillera a Villa Paulina, a sólo 40 minutos del sector oriente de Santiago. Por la ribera del río de la Yerba Loca, nace un sendero de catorce kilómetros que nos llevará a los glaciares colgantes La Paloma y El Altar. ◆ *In the spring and summer, Santiago residents go to Villa Paulina, only 40 minutes away from Santiago's east sector, to breath high mountain air. Along the bank of the Yerba Loca River a trail begins, which leads us to the La Paloma and El Altar hanging glaciers.*

Resulta interesante visitar el Parque Nacional La Campana por el sector de Ocoa. Tras una breve caminata en medio de arbustos bajos y siempre con el cerro La Campana como telón de fondo, se abre ante nosotros un interesante valle poblado de palmas chilenas. ◆ *It is interesting to visit the Ocoa sector of La Campana National Park. After a short walk through low bushes with the Campana mountain hanging like a curtain ahead, we come upon a unique valley filled with Chilean palm trees.*

Sus aguas calmas y su gran infraestructura para deportes náuticos, han convertido a Algarrobo en uno de los más bellos balnearios del sector. En verano, su población aumenta considerablemente y una de las playas más concurridas es la de San Pedro, junto al club de yates. Por la mañana, al llegar los botes de pescadores, gran cantidad de gaviotas se agolpa esperando conseguir parte del botín. ◆ *Its tranquil water and excellent infrastructure for water sports has converted Algarrobo into one of the most beautiful summer resorts of the region. In the summer its population increases considerably one of the most popular beaches, San Pedro, right next to the yacht club. In the early morning, when the fishing boats come back to harbor, flocks of seagulls loom above waiting to receive their part of the booty.*

En la hoya del río Claro, el área de protección Radal 7 Tazas es famosa por sus caídas de agua. El salto La Leona es el último de una sucesión de siete cascadas, que caen en piscinas profundas y cristalinas, rodeadas de espeso bosque precordillerano. ◆ *The Seven Teacups Protected Area, located in the Claro River basin is famous for its waterfalls. La Leona Waterfall is the last of seven which all pour into deep and crystalline pools, surrounded by dense forests.*

Fruto de enormes cataclismos, procesos glaciales y volcánicos, nace el macizo andino. En el lugar que ocupa hoy la cordillera de los Andes, había una gran depresión cubierta por las aguas del mar. Una fuerte actividad tectónica comenzó a solevantar y replegar la corteza, creándose así la cadena montañosa más larga del planeta. ◆ *As a result of cataclysmic events, glacial and volcanic processes, the Andes massif was formed. Strong tectonic activity caused what was once a huge depression covered by the ocean to uplift and fold, creating the longest mountain range in the world.*

La Reserva Nacional Río de los Cipreses, cercana a Rancagua, nos permite acceder a un amplio valle cordillerano, donde coloridas piedras dan cauce a este afluente del río Cachapoal. ◆ *The Cipres River National Reserve, near Rancagua, allows us to penetrate a broad valley of red rock, which forms the river bed of this tributary to the Cachapoal River.*

PAGINAS ANTERIORES: CONSTITUCION. VII REGION
PREVIOUS PAGES: CONSTITUCION

En la cordillera de San Fernando han logrado sobrevivir añosos robles que no fueron explotados por falta de caminos. Hoy en día, gracias a una iniciativa privada, se está consiguiendo preservar este magnífico bosque que nos deleita con su vigor y colorido. ◆ *In the mountains near San Fernando, ancient oak trees manage to evade exploitation due to a lack of access. Today, thanks to a private initiative, efforts are being made to protect the magnificent forest that delights us with its brightness and vigor.*

La cordillera de los Andes, que divide el continente sudamericano, suma unos 7.500 kilómetros de extensión, atravesando íntegramente el territorio de Chile. Continúa con su aspecto macizo y amurallado, pero disminuye en altura a medida que avanza hacia el sur. Junto a este paisaje, de volcanes y de enormes montañas, se destaca la figura del cóndor. ◆ *The Andes mountain range, which divides the South American continent, for 7,500 kilometers (4,500 miles), runs the entire length of Chilean territory. While ever massive, average altitude decreases in southern Chile. This setting of volcanoes and enormous mountains, is graced by the Andean cóndor.*

PAGINAS SIGUIENTES: CORDILLERA ZONA CENTRAL. VII REGION
FOLLOWING PAGES: CENTRAL ZONE MOUNTAIN RANGE

Los débiles rayos del sol matinal intentan atravesar la neblina baja, tan característica de los amaneceres de la Región de la Araucanía. ◆ *The faint rays of morning sun try to break through the low fog so typical of mornings in the Araucanía Region.*

A LA DERECHA: AMANECER CAMINO A VILLARRICA. IX REGION
OPPOSITE: DAYBREAK ON THE WAY TO VILLARRICA

ABAJO: HOJAS DE LENGA CONGELADAS
BELOW: FROZEN LENGA LEAVES

Los bosques son importantes para mantener el equilibrio natural de la biósfera. Tienen, dentro de otras cualidades, la capacidad de regular el clima, influyendo directa e indirectamente en el régimen de lluvia. ◆ *Forests are important factors in maintaining the natural equilibrium of the biosphere. Among other qualities, forests have the capacity to regulate the climate, thus influencing both directly and indirectly the amount of precipitation.*

SANTUARIO ALTO HUEMUL. VI REGION
ALTO HUEMUL SANCTUARY

PAGINAS SIGUIENTES: CERCANIAS DE TRAIGUEN. VIII REGION
FOLLOWING PAGES: TRAIGUEN AREA

Luego de un día completo de caminata, a la sombra de impresionantes bosques de coigüe y robles que se aferran a las rocas, se llega a la hermosa laguna Suárez. Es un verdadero embudo cuyos bordes están formados por montañas. ◆ *After a long day of hiking in the shadows of an impressive forest of coigüe and oak trees clinging to the rocks, we reach beautiful Suárez lake, whose steep sides resemble a funnel.*

En los sectores altos de la Región de la Araucanía abundan las lengas y raulíes. Al llegar el otoño, sus hojas comienzan a cambiar de color, dando un espectáculo que no deja a nadie indiferente. ◆ *In the higher forests of the Araucanía Region, lenga and raulí trees flourish. With the arrival of autumn, their leaves change color, creating a stunning array of beauty that impresses us all.*

A LA DERECHA: CERRO LAS PEINETAS. IX REGION
OPPOSITE: MT. LAS PEINETAS

Al sur del Bio Bio, la cordillera de la Costa presenta mayor altura. Allí se ubica el Parque Nacional Nahuelbuta. Desde las partes más altas, en días despejados, se puede observar hacia el este la cordillera de los Andes y, hacia el oeste, las costas del océano Pacífico. ◆ *To the south of the Bio Bio River, the coastal range reaches higher altitudes. On clear days from points of Nahuelbuta National Park, we can see the Andes to the east and the Pacific coast to the west.*

COPIHUE

HONGOS

HELECHOS

HONGOS

El Parque Nacional Conguillío, a 130 kilómetros al este de la ciudad de Temuco, posee cuatro lagos, siendo el mayor el Conguillío. Está rodeado por el volcán Llaima y la Sierra Nevada, en cuyos faldeos se alternan densos bosques de araucarias y lengas. En invierno este lago se congela parcialmente. ◆ *Of the four lakes found in Conguillío National Park, located 130 kilometers (80 miles) to the east of Temuco, Conguillío Lake is the largest. It is surrounded by the Llaima Volcano and the Sierra Nevada, on whose slopes grow dense forests of araucarias and lengas. In winter this lake freezes partially.*

PAGINAS SIGUIENTES: LAGUNA CAPTREN CONGELANDOSE. IX REGION
FOLLOWING PAGES: CAPTREN LAGOON FREEZING

La reciente erupción del volcán Lonquimay (1988) lo confirma como uno de los más activos del hemisferio sur. Con sus 2.890 metros de altura, parece tener bajo su dominio al pueblito de Malalcahuello. ◆ *The recent eruption of the Lonquimay Volcano in 1988 confirms it as one of the most active volcanoes in the southern hemisphere. With its 2,890 meters (9,000 feet) it seems to reign over the town of Malalcahuello.*

El camino hacia el complejo fronterizo Puesco va subiendo entre bellos paisajes de montaña y casas campesinas. Por aquí se llega al volcán Lanín y al sector oriente del Parque Nacional Villarrica. ◆ *The road to the Puesco frontier complex climbs gradually amidst a gorgeous landscape of mountains and country houses. This is the way to the Lanín Volcano and the eastern section of the Villarrica National Park.*

PAGINAS SIGUIENTES:RIO CORRENTOSO. IX REGION
FOLLOWING PAGES: CORRENTOSO RIVER

El río Bio Bio, torrentoso y encajonado, atraviesa la cordillera de los Andes sorteando un maravilloso escenario natural de cerros acantilados, colmados de una flora y fauna única. Expertos kayakistas del mundo entero han venido durante décadas a sumergirse en la aventura, disfrutando de intrépidos descensos por sus famosos rápidos. Es uno de los ríos más atractivos del mundo, que lamentablemente será represado "en el nombre del progreso", de manera que pasará a ser un lago. ◆ *The Bio Bio River, powerful and enclosed in steep canyons, flows through the Andes amidst a wonderful landscape of sheer mountains, teeming with unique flora and fauna. Expert kayakers from all over the world have been coming for decades to descend the thrilling rapids which have become so famous. One of the most attractive rivers in the world, the Bio Bio is unfortunately in the process of being dammed "in the name of progress", and will eventually be turned into a lake.*

PAGINAS ANTERIORES: CAÑON DEL ÑIRRECO, RIO BIO BIO. VIII REGION
PREVIOUS PAGES: ÑIRRECO CANYON, BIO BIO RIVER

CAÑON DE LOS CIEN SALTOS, RIO BIO BIO. VIII REGION
THE HUNDRED WATERFALLS CANYON, BIO BIO RIVER

Sus aguas blancas y conocidos rápidos como el Jug Buster, Milkyway, Lost Yak, Lava South y tantos otros han sido el deleite de deportistas chilenos y extranjeros, que ven con incredulidad cómo se destruye tan magnífico tesoro natural. ◆ *Its white water and well-known rapids such as Jug Buster, Milkyway, Lost Yak, Lava South, and many more, have delighted many Chilean and foreign athletes, who watch with disbelief as this magnificent natural treasure is destroyed.*

Maravillosas lagunas rodeadas de añosas araucarias y coigües, conforman la accidentada geografía del Parque Nacional Huerquehue. Es uno de los parques más bonitos de Chile y, gracias a sus bien trazados senderos, en verano es visitado por gran cantidad de turistas. ◆ *Spectacular lakes rimmed with ancient araucaris (monkey puzzle trees) and coigües comprise the rough terrain of Huerquehue National Park. With its well maintained trails, it is one of Chile's most beautiful parks, and is visited by many travelers each summer.*

Acampar en los faldeos nevados del Conguillío es un atractivo desafío para aquellos que se aventuran a conocer este parque en invierno. Desde la Sierra Nevada se puede conseguir magníficas vistas panorámicas. ◆ *Camping in the snow-covered foothills of Conguillío provides an attractive challenge to those wishing to explore the park in winter. From the Sierra Nevada we obtain outstanding panoramic views.*

PAGINAS SIGUIENTES:VISTA DESDE EL VOLCAN CALLAQUI. VIII REGION
FOLLOWING PAGES: VIEW FROM THE CALLAQUI VOLCANO

Donde la roca permanece desnuda pueden observarse las formaciones de basalto luciendo sus columnas de rigurosas formas geométricas. En otros casos, la roca delata que fue esculpida por un glaciar que se iba retirando. ◆ *Where the rock is bare, we can observe formations of basalt shining with their severe columns and geometric shapes. In other cases, it is apparent that the rock was sculpted by a retreating glacier.*

ABAJO: PARQUE NACIONAL ALERCE ANDINO. X REGION
BELOW: ALERCE ANDINO NATIONAL PARK

A LA DERECHA: SALTO LA PRINCESA. IX REGION
OPPOSITE: LA PRINCESA WATERFALL

HELECHO

LAGARTIJA

ORUGA

TELARAÑA

Los bosques nativos son ecosistemas ricos en diversidad genética, tanto en plantas, como animales, hongos y microorganismos. Cobijan a una variada y atractiva flora y fauna que necesita de ellos para sobrevivir. ◆ *Native forests are ecosystems rich in genetic diversity, including plants, animals, fungi, and microorganisms. They harbor a variety of attractive wild plants and animals which, in turn, need the forests in order to survive.*

ABAJO: SANTUARIO DEL CAÑI. IX REGION
BELOW: EL CAÑI SANCTUARY

PAGINAS SIGUIENTES: LAGUNA QUILLELHUE. IX REGION
FOLLOWING PAGES: QUILLELHUE LAGOON

El agua es un elemento importantísimo en el buen equilibrio de los bosques templado-húmedos. Las lluvias, frecuentes todo el año, son más abundantes durante el invierno. ◆ *Water is the important component in the equilibrium of temperate rain forests. Rain, while falling throughout the year, abounds during the winter.*

A LA IZQUIERDA: LAGUNA ARCOIRIS. IX REGION
OPPOSITE: ARCOIRIS LAGOON

ABAJO: ESTERO MOMOLLUCO. IX REGION
BELOW: MOMOLLUCO *ESTUARY*

La caída de las hojas de los árboles les permite soportar de mejor forma el peso de la nieve al llegar el invierno. Sobre la cota de los 1.200 metros de altitud, la Región de la Araucanía se viste de blanco hasta avanzada la primavera. ◆ *Trees that lose their leaves are better able to endure the heavy snow that comes with the arrival of winter. Above the snow line at 1,200 meters (3,900 feet), the Araucanía Region is covered in white until late spring.*

A LA DERECHA: LAGUNA PATOS CONGELANDOSE. IX REGION
OPPOSITE: PATOS LAGOON FROZEN

Esta es la laguna más alta del parque Huerquehue. Predomina la araucaria que vive asociada con bosques de lenga. Las araucarias más viejas bordean los 2.000 años de edad y en sus troncos cuelgan, como flora asociada, líquenes "barba blanca". ◆ *This is the highest lagoon in Huerquehue National Park. Lenga trees are found among the dominant araucarias. The oldest araucaria trees can reach the age of 2,000 years, their trunks covered with a lichen appropriately called "barba blanca", or "white beard".*

El Parque Nacional Vicente Pérez Rosales -el más antiguo del país-, se caracteriza por su sello volcánico. Grandes cumbres nevadas como el volcán Osorno, vigilan el área, desde el lugar donde vuela el cóndor. Encerradas por el bosque virgen y los faldeos del Osorno, corren turbulentas las aguas del río Petrohué.

◆ *Vicente Pérez Rosales National Park, the country's oldest park, is characterized by its numerous snow capped volcanoes. The Osorno Volcano (2,661m; 8,700 ft) watches over the region with the condors, who fly at the same height. The turbulent Petrohué River flows through virgin forest at the base of Osorno.*

PAGINAS SIGUIENTES: RIO FUTALEUFU. X REGION
FOLLOWING PAGES: FUTALEUFU RIVER

LIUTO

FLOR DEL GALLO

La exuberante vegetación del lugar es representativa de los llamados "bosques templado-húmedos", entre los que se encuentran alerces, coigües, ulmos, mañíos, canelos y un sotobosque tupido con abundantes helechos, musgos y líquenes. ◆ *The exuberant vegetation of this place is representative of the so-called, temperate rainforests, including alerces, coigües, ulmos, mañíos, canelos, and a thick understorey abundant with ferns, mosses, and lichens.*

ABAJO: PARQUE NACIONAL ALERCE ANDINO. X REGION
BELOW: ALERCE ANDINO NATIONAL PARK

La Carretera Austral es una ruta espectacular que ha abierto una zona inexplorada del territorio chileno. La accidentada geografía entre Hornopirén y Cholgo está marcada por gran cantidad de islas, fiordos y canales, donde el mar se torna calmo al abrigo del viento. ◆ *The "Carretera Austral" is a spectacular road that has opened up a previously unexplored region of Chile. The rugged geography between Hornopirén and Cholgo is dotted with islands, fjords and canals, and the placid sea is sheltered from the wind.*

El helecho es una planta característica de la selva húmeda. ◆ *Ferns are characteristic of the cold forest.*

Chiloé, la Gran Isla, tuvo una existencia separada y semiolvidada durante siglos. Eternamente dominada por las lluvias, estuvo cubierta de espesas selvas. El hombre se instaló en este archipiélago desarrollando actividades propias de la tierra y el mar. ◆ *The Grand Island of Chiloé was quite isolated and somewhat forgotten for centuries. A land of eternal rain, it was once completely covered by dense temperate rainforests. Humans have since colonized the archipelago and adapted to the local resources provided by land and sea.*

A LA DERECHA: DALCAHUE, CHILOE. X REGION
OPPOSITE: DALCAHUE, CHILOE

QUEMCHI

CASTRO

En este clima, donde las lluvias se suceden casi sin interrupción, crecen bosques milenarios de la conífera llamada alerce (Fitzroya cupressoides), de preferencia en las laderas altas de las montañas. Es el árbol que llega a mayor edad en el mundo (hasta 4.000 años). Se han encontrado alerces de más de 50 metros de altura y diámetros que bordean los 4 metros. ◆ *In this climate, where the rain pours almost without interruption, ancient forests of a conifer called the alerce (Fitzroya cupressoides) grow, most successfully on the highest ridges. These trees are some of the oldest living organisms on earth, reaching up to 4,000 years in age. Alerce trees can grow taller than 50 meters (164 feet) with a trunk diameter up to 4 meters (13 feet).*

IZQUIERDA: PARQUE NACIONAL ALERCE ANDINO. X REGION
LEFT: ALERCE ANDINO NATIONAL PARK

ABAJO: TRONCO DE COIGÜE
BELOW: COIGÜE TRUNK

En la Región de Magallanes la cordillera de los Andes se presenta más baja y permanece cubierta por hielos eternos, permitiendo que algunos ventisqueros lleguen al mar. Es una zona de accidentada geografía, recortada por fiordos y canales. ◆ *In the Magallanes Region, the Andes mountain range is lower and permanently covered by ice. In some places the glaciers reach the sea. The highly dramatic geography of the region includes many fjords and canals.*

DERECHA: GLACIAR PIO XI. XII REGION
RIGHT: PIO XI GLACIER

Las nubes cargadas de humedad avanzan hacia el fin del mundo, regalando de paso maravillosos atardeceres en los canales australes. ◆ *Dense clouds packed with humidity move towards the end of the world, gracing the afternoons in Southern canals with their majestic presence.*

Magníficos trozos que se desprenden del Campo de Hielo Sur, deberán ser sorteados por los navegantes que se aproximan a los ventisqueros. ◆ *Magnificent sections that come loose from the Southern Ice Field must be carefully navigated by those who sail close to the glaciers.*

Creado en 1959, el Parque Nacional Torres del Paine está ubicado entre la cordillera de los Andes y la estepa patagónica. Las Torres, que le dan el nombre al parque, constituyen un gran punto de interés para los visitantes. Estas gigantescas moles de granito, que se elevan por sobre los 2.600 metros, representan un constante desafío para expertos escaladores. ◆ *Founded in 1959, Torres del Paine National Park is located between the Andes and the Patagonia plains. The Torres or "towers", from which the park receives its name, constitute an important point of interest for visitors. They are gigantic walls of granite that rise up to 2.600 meters (8,500 feet), creating an enticing challenge for expert climbers.*

GUANACOS

HUEMUL

La población de guanacos está formada por más de mil ejemplares, mientras que los huemules que habitan la zona son muy escasos y tímidos, lo que hace muy difícil encontrarlos. ◆ *"Guanaco" herds contain more than one thousand individuals, while "huemules", which also inhabit the region, are rare and timid, and quite difficult to find.*

Hace cuatro milenios, toda esta zona estaba cubierta de hielos. Al retirarse, dejaron la roca viva que aún aflora en algunos sectores boscosos. Las lengas que crecen en la Patagonia deben buscar refugio en lugares protegidos de los fuertes vientos. ◆ *Four thousand years ago this entire region was covered by glacial ice. The retreating ice plowed the underlying granite, and is still exposed in some forested areas. Due to the prevailing strong winds of Patagonia the lenga tree grows best in protected areas.*

PAGINAS SIGUIENTES: SALTO GRANDE. XII REGION
FOLLOWING PAGES: SALTO GRANDE

El sotobosque es de composición muy variada, siendo helechos y musgos los organismos más sobresalientes y diversos. ◆ *The understorey has a widely varied composition, the most common and diverse being the ferns and mosses.*

El Parque Nacional Torres del Paine es sin duda uno de los parajes más bellos sobre la Tierra. Aquí nadie puede partir como llegó. Todo cambia después de haber conocido el último rincón del planeta, repleto de lagos y picachos de inusitadas formas. Constituye un escenario de indescriptible belleza donde aún es posible escuchar los ruidos del silencio. ◆ *Undoubtedly, Torres del Paine National Park is one of the most beautiful places on Earth. No one leaves feeling the same way they did when they arrived. It is impossible to be indifferent after getting to know one of the world's furthermost boundaries, full of lakes and peaks of unusual forms. It consists of unimaginable beauty where it is possible to listen to the sounds of silence.*

LAGO PEHOE Y CUERNOS DEL PAINE. XII REGION
PEHOE LAKE AND CUERNOS DEL PAINE

Custodiado por lengas y coigües de Magallanes, el glaciar Grey es sólo una muestra de la enorme y gélida belleza que encierra el Campo de Hielo Sur. Con un poco de paciencia y algo más de suerte, podremos maravillarnos con el desprendimiento de enormes bloques de hielo.

◆ *Guarded by lenga and Magallanic coigüe trees, the Grey Glacier gives us an idea of the immensity of the Southern Ice Field. With a little bit of patience and a lot of luck, one can witness the impressive breaking off of gigantic slabs of ice into the Grey Lake.*

NOTRO

Cámaras utilizadas ◆ *Cameras*
Nikon FE , F3, F4 (35 mm) y Mamiya 645 Pro (6x4,5 cm)

Películas ◆ *Films*
Fujichrome Profesional RFP, RDP, RDP II y RVP